AF264459

Più forte di un pugno

Dana Neri

La sua bocca è chiusa,
ma dalle labbra escono
virgole e punti,
vocali, consonanti e pianti.
Fra le labbra spaccate
fiorisce un chiodo,
col gambo di ferro,
la punta accartocciata
e la capocchia di cera.
Quando lei sorride,
il mondo si scioglie,
resta in silenzio
e poi si spegne.

Fissa i fondi del caffè
e pensa che lui in un certo senso
è depositato sul fondo di sé stessa.
Se scuote un po' la memoria
vede qualche granello di polvere scura
cadere via dal passato,
vede sorrisi come spicchi di luna
e mani giovani che si sfiorano.
Annusa e osserva quello che resta
del caffè che gli ha appena portato a letto:
ha il colore del cioccolato fondente e della merda,
odora di passato e di presente,
mescolati insieme dentro la stessa bocca,
nello stesso sapore amaro.

I fiori che lui le regala
fanno la fotosintesi alla luce della luna.
Sono di plastica, ma riescono comunque ad appassire,
come ogni altra cosa che lui si azzarda a toccare.
Lui, un Re Mida al contrario,
trasforma in cenere tutto quello che è oro.
La sua cenere crepita nel camino,
brucia più di qualunque fiamma,
non scoppietta e non s'impenna,
resta semplicemente lì, ferma,
ma la sua stasi è più agguerrita di qualunque furia:
l'ombra grigio-nera che lascia sul fondo
brilla come una chiazza di sangue sul pavimento.

A quattro di bastoni

Dentro quattro mura,
in una stanza con quattro finestre chiuse,
su un letto con quattro visibili macchie,
se ne sta a quattro di bastoni,

immobile, ma non rilassata.

Lo sguardo fisso
sulle quattro pale del ventilatore da soffitto.
Le orecchie imbottite
dal rimbombo di quei quattro pugni.
La pelle imbrattata
da quattro lividi.

Nel cassetto del comodino acquistato quattro anni fa,
restano quattro sogni ricoperti da spore di muffa.

Il corpo di Lui,
pesante e pacifico (ora) riposa.
Il corpo di Lei,
sottile e straziato (sempre) si attiva.
C'è
da espellere il muco,
da pulire il sangue,
da nascondere quel nuovo livido.
Bisogna
fare presto,
molto prima della mezzanotte.
Bisogna
evitare
che il principe nero si svegli
e si trasformi in drago.
Bisogna
accendere una nuova bugia
prima che Lui incendi tutto
con uno sputo di fuoco.

Fragile

Dovevi maneggiarla con cura.
Suo padre l'aveva affidata a te,
l'aveva consegnata nelle tue mani
come si fa con un pacco fragile.

Tu sei stato un corriere malvagio
e un destinatario insoddisfatto.
Hai avuto la cautela di un nazista
in una sinagoga di cristallo.

E sorridi ancora, nonostante tutto.

Non è stato il tuo, del resto, il fallo.

Ci sono milioni di pacchi
che giacciono rotti
dentro magazzini privi di luce.

Li hanno inviati padri
ignari, ignoranti o privi di tatto,
che hanno semplicemente sbagliato
a scrivere l'indirizzo.

Dell'Amore voleva tutte le curve,
le deviazioni e i tornanti.
Niente scorciatoie, niente percorsi facili,
niente rettilinei.
Voleva essere scorticata di baci,
voleva essere pelle, labbra, capelli,
mani accarezzate da morsi.
Voleva scavarlo, l'Amore,
scrostare la Vita dalla sua superficie,
sfiancarla, scarmigliarla, smembrarla,
sbriciolarne i sussulti.
Dell'Amore voleva solcare le onde,
scandirne i secondi,
sfogliarne i petali,
scardinarne le radici.
Voleva scarmigliarlo, l'Amore,
voleva spettinare la Vita.
In fondo,
voleva solo amare alla follia,
con la mente bucata dai sogni.
In fondo,
voleva solo vivere un po' di magia,
con la testa in disordine e la faccia priva di segni.

Per un errore del destino
si è ritrovata a comprare il pane
d'inverno
con indosso gli occhiali da sole.
Per un errore del destino
si ritrova tutti gli occhi addosso
mentre chiede quant'è e fruga nel borsello.
Per un errore del destino
passa il tempo a coprire lividi,
a inseguire ombre e contare secondi.
Per un errore del destino
Ogni boccone di pane per lei
è terribilmente amaro.
Ma mentre affonda i denti nella crosta
cerca con la lingua la mollica,
e quando la trova, chiude gli occhi e sorride,
come quando era bambina.

Ci sono amori che muovono *il sole e l'altre stelle*.
Il suo le aveva mostrato il sole,
per poi farle vedere le stelle.
Ci sono poesie che fanno dimenticare il male.
Lei decise di trasformare il male in Poesia.

Sotto questo cielo
si dorme come barboni.
Sotto questo tetto
la vita è una sete continua.
Sotto le sue mani
il sesso è uno straccio lurido.
Sotto questo amore,
ogni respiro è un colpo di tosse
che sputa frammenti di sogno.

Ha una cicatrice sul petto,
proprio all'altezza del cuore:
se la sfiora per sbaglio avverte un brivido e sussulta,
è come una carezza che fa rumore.

Il suo sorriso atterrisce:
fiorisce sul viso e respira sul niente.
Colpisce più forte di un pugno,
quel sorriso tanto testardo, tanto disperato,
privo di sdegno.
Lo indossa ogni mattina, lei, quel sorriso:
ci sveglia i bambini e ci si sciacqua il viso.
Lo perde ogni sera, lei, quel sorriso:
quando i bimbi si addormentano e il lupo fa festa,
lo nasconde nel cassetto come fosse una dentiera,
insieme alla propria testa.

Lo stomaco dello specchio
vomita i suoi sguardi
mentre si spoglia per lui.
La Bellezza è il calcio di una pistola
stretto fra dita fragili di bimba.

Le mani di lui sono marmo:
una scultura michelangiolesca e infernale.
Il corpo di lei è un acquerello:
si dissolve
nell'attimo esatto in cui si stende sul letto.

Come un acquerello,
lei è solubile,
dall'acqua nasce
e nell'acqua muore.
Lei piangeva lacrime di gioia
e piange lacrime di dolore.
Il suo amore dall'acqua è nato
e nell'acqua muore.

La valvola esausta ma ostinata
incastonata in mezzo al petto
vibra, martella, trema, sussulta,
si ferma solo ogni tanto e poi continua.
Somiglia al membro di lui,
incastonato dentro di lei:
un cuore e un cazzo che fremono insieme
su binari paralleli di disperazione,
senza incontrarsi mai.

I suoi bimbi sono colorati come palloncini,
quando ridono
fanno il suono festoso e scintillante dei luna park,
quando dormono
il loro respiro ha il ritmo di un carillon.
Lei li osserva restando sempre un po' in disparte,
come uno spettatore assorto.
Li osserva, sorride
e all'improvviso tutto sembra avere un senso,
anche quello che un senso non l'ha mai avuto.
Li osserva, sorride
e d'un tratto le ginocchia le fanno meno male,
la faccia le brucia solo un po'
e il cuore riprende il suo battito naturale.

Se la ride, adesso.
Se la ride del giorno,
della notte,
dell'immondizia di giorni da buttare
dei panni da lavare
che si accumulano,
del frigorifero vuoto,
della pancia che brontola,
di quel cazzo sempre in fiamme,
delle pareti che si stringono,
delle ore che si dilatano,
delle mani che si chiudono
senza poter colpire nulla.
Se la ride, adesso,
ancora per poco.
E il perenne sorriso futuro di lei
non è ancora nato, ma già se la ride,
dentro il suo grembo gravido di graffi.

Avvolge sempre in una pellicola di speranza
i sogni che non riesce a consumare in giornata.
Il freezer straborda di carezze e domani migliori.

Nella casa dalle pareti di cenere
i giorni si inseguono e fanno il girotondo,
come bambini robotici,
tutti uguali l'uno all'altro.
Nella casa dalle pareti di cenere
sono grigie anche le ore:
scivolano piano sul quadrante dell'orologio,
arrancando di tanto in tanto
fin quasi a fermarsi del tutto.
Nella casa dalle pareti di cenere
andare avanti è un incendio continuo,
un continuo perdere l'equilibrio
senza mai cadere,
un perenne rimanere in bilico
senza respirare.
Nella casa dalle pareti di cenere
persino gli occhi sono coperti di fuliggine:
non riescono a vedere il sole oltre le finestre
né le maniglie attaccate alle porte.

Squarcia al galoppo la notte
con le mani staccate dalle redini
e il sedere alto sulla sella.
Nuda e vestita di lividi
si allunga la coperta del silenzio sui piedi
e si fa ancora più piccola,
rannicchiata su sé stessa.
Nella corsa cieca verso il Nulla
due dita enormi
le tappano le narici,
ma lei trova comunque il modo
di *re-sperare*.

Guardando l'immaginetta stampata
sul cartoncino rettangolare regalatole in chiesa,
le venne da dire:

Resuscitami!
Se davvero esisti, allora,
resuscitami!

L'immaginetta stampata
rimase immaginetta e basta
limitandosi a stropicciarsi un po'
sotto le sue dita.

Non la resuscitò
non la prese fra le braccia
non la protesse.

Fece quello che avevano fatto
fino ad allora
tutti gli altri,
santi, profani, credenti e miscredenti:

lasciò scorrere il tempo lungo un fiume di attesa
e la osservò galleggiare a pelo d'acqua,
nuda, illusa e indifesa.

Piange sempre a sproposito.
Oggi, per esempio, è festa in città,
si celebra il patrono.
Ieri non cadeva ricorrenza alcuna,
ma il suo pianto era comunque importuno.
Domani, forse, sorriderà
e il suo sorriso verrà scambiato per un ghigno;
alla sua morte, poi, la gente griderà allo scandalo,
piangerà lacrime in poliestere
e la innalzerà a idolo.

Solo i passi.
Sono i passi, il problema.
Se non fosse per i passi
andrebbe tutto bene.
Ma i passi la spaventano,
la terrorizzano.
Lei sogna tappeti,
tappeti ovunque, privi di colore.
Sogna passi privi di colore e privi di rumore,
passi che non calpestino pensieri
e non facciano male.
Passi senza scarpe,
passi privi di corpo
passi privi di mani che feriscono.
Solo i passi.
Sono i passi, il problema.
Lei sogna tappeti
dove avvolgersi e nascondersi.
Lei sogna tappeti
dove lui possa volare via e non tornare.
Solo i passi.
Sono i passi, il problema.
I passi che arrivano per restare.
Solo i passi.
Sono i passi a fare male.

Il silenzio che precede il suo ritorno
le trapana il cranio.
I secondi scivolano lenti
sulla superficie del quadrante
come spilli su una lastra di miele.
La serenità è spesso un rigurgito di sole
sulla stoffa immacolata di una lunga notte.

Il Tempo spinge gli occhi dentro le orbite
con pollici sporchi di fuliggine.
Il Silenzio sputa schizzi di sangue
sullo specchio coperto di polvere.
L'Indifferenza della gente fascia il corpo nudo di lei
con un vestito di lividi assorti.
Le mani sono solo un tramite:
il lavoro sporco lo compie
un Cerbero apatico e indifferente.

Lei viaggia sempre in piedi
sull'autobus della Vita,
ma nessuno le offre mai il posto.
Lei è giovane,
ma ha il volto rigato dal Tempo,
è gravida di graffi
e malata d'amore.
Lei viaggia sempre in piedi,
eppure, nessuno le offre mai il posto,
nonostante abbia nello sguardo
la stanchezza di mille anni.
Lei viaggia sempre in piedi
sul treno di ogni giorno;
che è esausta lo vedi,
te ne accorgi subito.
Eppure, nessuno si piega verso di lei,
nessuno le ha mai chiesto *ha bisogno di aiuto?*
Ognuno sta attento solo alla propria fermata,
poi scende e si allontana dispiaciuto.
Lei si aggrappa agli appositi sostegni,
ma nessuno nota quanto oscilli,
quanto tremi a ogni scossone.
Lei
è già al capolinea,
eppure, non arriverà mai a destinazione.

Mette le mani fra le fiamme ogni giorno
ma ormai non bruciano più.
Diventano semplicemente rosse e grinzose
come una pelle di mucosa,
come una bocca aperta e insanguinata
che si ostina a schioccare baci al cielo
e mandare tutto all'aria.
Mette l'amore fra le fiamme ogni giorno
e vorrebbe che bruciasse di più.
Un'unica, gigantesca vampata
per avvolgere tutto,
in una fiammata incolore,
fragorosa e rilassante.

Mette la vita fra le fiamme, oggi,
e spera solo di dormire.
Una sola notte, un'unica lunghissima notte,
senza soste e senza pegni da pagare,
per favore.

Passeggiavano sul lungomare
mano nella mano,
le unghie di lui infilate nella carne di lei.
Le luci dei lampioni bagnavano di ocra i sampietrini
e coloravano gli occhi dei passanti.
Le si posavano addosso come insetti fastidiosi,
quegli sguardi:
se li ritrovava appiccicati ai lividi
e rimanevano lì, anche quando sfilavano via.
Erano come le sue cicatrici, quegli sguardi,
erano come le mani di lui:
restavano sulla sua pelle per istanti eterni.

Si è ritrovata addosso una cicatrice a forma di rosa.
Le è fiorita sulla pelle e ora lui la bacia.
I suoi baffi le fanno il solletico,
ma non la fanno ridere.
Solleva gli occhi al cielo, oltre la finestra chiusa,
e vede le stelle.
In fondo anch'esse sono piccole cicatrici di luce
sul corpo della Notte.
È un pensiero che solletica per un attimo la sua mente.
Vi si abbandona dentro
e finalmente sorride.

Bianca come l'alba

A Sylvia Plath

È quasi l'alba e lei si sveglia.
La vestaglia struscia contro lo stipite della porta
mentre entra in cucina.
Apre il frigo, prende il latte, poi due tazze:
una è blu a forma di delfino,
l'altra rosa, come un maialino,
entrambe sono deformi e buffe.
Lei sorride per un attimo, dolcemente,
poi le riempie quasi fino all'orlo di latte.
Mentre esce dalla cucina,
la vestaglia struscia nuovamente contro la porta
e i suoi piedi scalzi scricchiolano per un attimo.
Le sue mani, invece, si muovono silenziose,
mentre posa le due tazze buffe
sui comodini di fianco ai letti dei bimbi.
Due baci, uno a testa, schioccati in aria,
per non disturbare i loro sogni
e la vestaglia sfiora un'ultima volta la porta.
Sul tavolino, accanto al divano,
l'aspetta una scatola intera di pillole:
sono bianche come la neve
che scende oltre la finestra,
bianche come le lenzuola
su cui dormono i suoi amori,
bianche come il suo volto
riflesso nello specchio,
bianche come il latte che ha preparato anche per sé,
in una tazza sobria, seria e silenziosa.

L'alba è ormai giunta.
Adesso è bianca anche lei,
e si addormenta.

Una statua greca marmorea, compiuta, perfetta.
Questo sembra, ora, sul letto
con gli occhi spalancati che fissano il soffitto
e un buco vuoto al posto del sorriso.
I piedi nudi puntano in direzioni opposte:
uno verso la finestra, l'altro verso la porta,
ma non cercano più di fuggire,
adesso pensano solo a riposare.
Le mani bianche e piccole
hanno il palmo semichiuso,
sembra che racchiudano qualcosa nell'incavo,
forse è uno dei fiori che lui le ha regalato:
un bocciolo di cartapesta privo di profumo
dello stesso colore del sangue secco.

Lui adesso riposa
gonfiando la pancia a ogni respiro
nello stesso letto, nella stessa casa
dove Lei trattiene il fiato.

Si è sdraiata come una pianta,
a foglie in su, in attesa.
Ma in questa dimora il giorno è una Notte eterna
e non esiste fotosintesi clorofilliana.
Si è sdraiata come una pianta,
a foglie in su, in attesa.
Ma non c'è nessuno pronto ad annaffiarla
e il sole qui non sorge mai alla stessa ora.
Si è sdraiata come una pianta,
a foglie in su, in attesa.
Verrà la grandine e avrà gli occhi scuri,
le spezzerà lo stelo,
lasciando intatte le radici.

L'ha fatta a pezzi,
tre per la precisione,
inseriti in tre grossi sacchi neri,
sepolti dentro tre profonde buche.
Tre volte tre,
tre volte il numero perfetto.
La perfezione assoluta.
Proprio quella che lui cercava
e che lei non è mai riuscita a dargli.
Tornato a casa ha festeggiato
con tre bicchieri di vino
su un divano con tre cuscini,
sgusciando e sgranocchiando tre noci.
Tre volte tre,
tre volte il numero perfetto.
La perfezione assoluta.

A furia di iniettarsi droga
ai tossici spariscono le vene.
Sembrano scomparire nel nulla, così,
da una puntura all'altra.
A furia di urlare dentro questa casa
lei non trova più angoli
in cui conficcare un nuovo grido.
Perciò apre la bocca e resta senza fiato,
mentre lui continua a iniettarle dentro veleno.

In questa casa anche i fiori finti appassiscono.
Lacrimano petali di sangue
sul legno screpolato del tavolo.
Le finestre qui
si aprono solo verso l'interno
e gli spigoli servono per sbatterci contro.
Negli angoli di questa casa
si accumula polvere di sogni,
ormai da tanti anni
e le ore gocciolano via
in un ticchettio stonato.
In questa casa i pensieri sono rasoi arrugginiti
che creano ferite e le infettano
in un unico momento.
In questa casa la primavera
è un semplice scambio di fonema,
una paronomasia da scherno
fra l'inverno e l'inferno.

Cinque sogni marci e una poesia disgraziata

1.
Il primo sogno era quello da bambina
del principe azzurro sul cavallo bianco
del padre che ballava con lei un po' stanco
ma con il sorriso del corridore
che ha appena passato il testimone.

2.
Il secondo sogno era una casetta da fiaba
con la cucina inondata di luce,
i libri ben allineati
e le pareti che trasudano pace.

3.
Il terzo sogno era un balcone colorato
da vasi pieni di fiori di geranio
e piccole girandole segnavento.

4.
Il quarto sogno era sperare che fosse solo una fase,
che tutto sarebbe tornato a posto.

5.
Il quinto sogno era desiderare che tutto finisse presto.

Cinque sogni stupidi,
destinati a marcire,
cinque come le dita della mano di lui,
perennemente stampate sulla pelle di lei,
come tatuaggi indelebili.

A volte sono i soli più sereni
a stuprare la pelle:
lasciano segni profondi
con i loro raggi apparentemente innocui.

La candela flaccida
illumina poco
ma brucia parecchio
soprattutto quando preme continuamente
contro lo stesso lembo di pelle.

Lei si trucca ed è morta
alla vita;
come corpo morto lei si fa truccare
dalla vita
che non ha scelto e non vuole vedere.
Lei si trucca e quando esce
indossa un sorriso che non le appartiene.
Lei sorride quando appartiene al mondo
e indossa un trucco da clown
per uscire da tutto.

Ogni volta che il Mondo la sporca
immerge le dita nell'inchiostro e scrive:
il Nero la monda e il Nulla scompare.

Incalcolabile
come le sigarette spente nel posacenere.
Inafferrabile
come il fumo che avvolge le sue parole.
Indecifrabile
come le vocali rotte nel pianto.
Incomprensibile
la speranza che ancora cela nel suo sorriso spento.

S'impara ad amare ogni sfumatura di una casa
quando quella casa è una culla:
i passi felpati di lui,
le risate sguaiate dei vicini.
S'impara a odiare ogni sfumatura di una casa
quando quella casa è una condanna:
i passi pesanti di lui,
il silenzio assordante dei vicini.

Certi oggetti pesano molto meno
dei ricordi a cui si legano.
L'enorme statua in marmo
accanto al cancello
è molto più leggera del passo
con cui lui rientra a casa ogni giorno.

Le schegge di silenzio
strette attorno al corpo
dopo l'attacco
fanno più male
dell'attacco stesso.
Dietro la benda dell'indifferenza
la ferita sanguina copiosa.

Dentro la macelleria
fra i pezzi di carne in esposizione
l'anima cruda dentro il corpo vestito
si sente a proprio agio.

In questa casa
si tirano sospiri di sollievo
fra una morte e l'altra.
E tra un sospiro e l'altro
si continua a fingere.
Nella casa accanto
si resta col fiato sospeso
a ogni colpo.
E fra un silenzio e l'altro
si continua a far finta di niente.
Nella chiesa vicina alle due case
si battono matrimoni e battesimi
fra un funerale e l'altro.
E tra un sorriso e una lacrima
si continua a pregare.
Dentro questo corpo di donna
si avvicendano ogni giorno
sospiri e silenzi,
allegri eventi e cerimonie funebri.
E fra lacrime di gioia e lacrime di dolore
si continua a sperare.

Non poteva farci niente:
la Speranza le si attaccava addosso
e le succhiava la linfa mortale
come un'eccentrica sanguisuga,
come un ignaro poppante.
Per quello continuava a vivere.
Non poteva farci niente.

La chiave entra nella toppa
ed è già un tuffo al cuore.
La porta si apre e la lingua
diventa un pezzo di cartone nella bocca.
Le mani raccolgono le ultime forze,
le stringono in un fascio e le legano
insieme alle verdure che stavano pulendo.
Un bouquet lusinghiero,
salutare e poco sincero.
I piedi si muovono
di pochi centimetri appena.
La bocca si schiude in bacio
che cela in un sorriso la tortura.

Ululava come un lupo
grugniva come un porco
amava come un insetto.
Dopo l'assalto
sul letto
restano tracce di bava e di sporco.
Dentro la testa
perdurerà
il ronzio del ricordo.

Non c'è niente di peggio di una poesia commentata.
Non c'è niente di più crudele
del silenzio oltre la parete
quando stanno uccidendo un pezzo di poesia
dentro la stanza accanto.

Dentro a un vaso di tenerezza
qualcuno piantò semi di distruzione.
Le mani amorevoli, la pioggia e il sole
furono inutili:
dalla terra nera nacque una pianta cannibale
che divorò anche la luce.

Conosce bene le tre scimmiette
- una non vede, una non sente, una non parla -
tutte fanno finta di niente.
Se ne stanno assise sul balcone
con la sigaretta accesa e i pensieri spenti
come davanti alla televisione.
Lei grida e loro restano lì, in attesa,
mentre la cenere cade sulla sottana.

Lui è un tipo abitudinario:
torna a casa quasi sempre alla stessa ora.
Lei guarda l'orologio:
sono le 7 e 20 di sera
e persino le lancette si fanno tristi,
sembrano due labbra imbronciate,
due occhi bassi e mesti.
Lui è un tipo abitudinario:
appena arriva a casa la riempie di botte.
Lei guarda il calendario:
spera che siano poche le morti
che la separano dall'ultima notte.

Le sberle sbalzano in aria, sbattono sui muri,
scivolano sul pavimento, sul letto, sui bicchieri,
urtano contro gli sguardi dei bambini,
guizzano nella gola strozzata dal pianto,
risuonano, si ritraggono, si frantumano
in mille flebili frammenti,
in milioni di flebili lamenti.
La luce rossa dell'alba
imita il sangue sulle labbra
ma viene in pace,
si spoglia degli sguardi innocenti
e, con una carezza audace,
mette fine alla notte
almeno per poche ore.

Lei è nata azzurra.
Come il mare,
il cielo,
la carta da zucchero,
lo scricciolo fatato australiano,
gli occhi di sua nonna.
Lei adesso è rossa.
Come la rabbia,
il sole prima di morire,
la carta imbrattata di vino,
la gallina incapace di volare,
i suoi occhi iniettati di sangue.

Sono gemme verdi
sbucate fuori da un giardino imperfetto,
i suoi bimbi.
Sono ellissi in difetto,
cerchi di panna su torte marce,
quadratini di luce
dentro triangoli di tenebre.
Li guarda dormire piano
con un pollice in bocca
e un piedino che spunta
da sotto la coperta.
Li guarda scivolare via
fra le braccia di Morfeo.
Li osserva e spera che il guardiano dei sogni
abbia braccia più forti delle sue.

Hanno fatto un disegno per lei:
una sorta di angelo con ali enormi e corpo minuscolo.
Sembra una farfalla aliena.
Lei le sue forme d'angelo le ha create anni fa:
adesso hanno dita d'artista,
ma ali ancora troppo piccole per volare via.
E lei,
lei è una farfalla alla ventitreesima ora.

Le sue ossa stridono
come gessi sulla lavagna,
scricchiolano
come neve sotto le suole,
strepitano
come ciocchi di legno
dentro un camino.
Le mani di lui
lasciano segni
impossibili da cancellare,
sciolgono sogni
senza scomodare nessun sole,
fanno scendere l'inverno
nel punto esatto in cui fioriscono le viole.

Verde versarsi di voci
lungo la strada,
i suoi bimbi che giocano
con altri bambini.
Boccate di sangue
raggiungono il cuore illividito.
Le sue labbra spaccate
per un attimo non fanno male
mentre si aprono in un sorriso.

Due sole rughe nette sulla fronte bianca,
una più grande, una più piccola.
Somigliano a due lancette di orologio.
Sono quasi le tre e un quarto sul suo volto.
Ma lei non vede l'ora che siano
quasi le dieci meno un quarto.
Non vede l'ora che sia tutto quasi finito
e vorrebbe ritrovarsi improvvisamente
la faccia cosparsa di lancette
che segnano la fine del Tempo.

Nuotano a terra come pesciolini
dentro una rete di sangue sparso
i suoi sogni.

Le diceva sempre che era il suo angelo,
l'angelo del suo cuore,
del focolare domestico.
Le diceva che era bella,
la sua bella bambina,
la sua dolce donna,
la sua magica musa.
Poi un giorno qualcosa è cambiato.
Adesso l'angelo bello
scrive poesie stonate
con l'inchiostro rosso in cui ha intinto
una delle piume
che lui le ha strappato dalle ali.

Lo specchio trema
prima di cadere e di rompersi.
A lei sembra di avere freddo da una vita,
è caduta più volte e si è rialzata.
Lo specchio continua a riflettere i loro volti
insieme, abbracciati.
Lei si ostina a non incrinarsi.

Cade a terra e si rialza
per cadere di nuovo,
ancora e ancora.
Sembra un pagliaccio da circo,
ma nessuno ride e tutti chiedono il bis,
ancora e ancora.
Un solo spettatore
dentro al tendone
è al tempo stesso burattinaio,
buontempone
e impresario:
muove i fili, schiocca la frusta, conta i soldi,
urla e impreca mentre sgrana il rosario.

La vestizione

Si cuce addosso una voce,
infila un lembo di parola
dentro un'asola di silenzio
e si appunta sul petto
un nulla qualunque da dire.

Non appena apre bocca
si sente più nuda che mai.

L'assenza del Tutto è avvolta
in una coperta di lana a tinta unita.
Lei la sfiora con le dita che implorano pelle,
con la pelle che supplica carezze.
Una federa ruvida le pettina i capelli
e le arruffa i pensieri.
Il mondo si appresta a dormire,
mentre lei è pronta a svegliarsi,
senza scendere dal letto.
Anche oggi la sua pancia toccherà un'altra pancia,
anche oggi qualcuno divorerà un pezzetto di lei,
anche oggi lei farà indigestione di mondo
sentendosi più affamata di prima.

Le fissava sempre, da bambina, le nuvole.
Le osservava cambiare forma, muoversi veloci,
ingrandirsi, rimpicciolirsi, annullarsi nel cielo.
Le fissava in continuazione e, alla fine,
le si sono attaccate agli occhi, le nuvole.
E dagli occhi le sono entrate dentro,
le hanno attraversato il sangue e la mente,
le hanno mangiato i pensieri.
Sono diventate parte di lei, le nuvole.

E adesso sono loro che la osservano
cambiare forma, muoversi veloce,
ingrandirsi, rimpicciolirsi,

annullarsi.

La solitudine di un telefono che non squilla
è direttamente proporzionale
al terrore della chiave che gira nella serratura.

La porta che si apre chiude ogni speranza
e spegne l'unica nota dolce di silenzio dell'attesa.

Ricorda ancora
quando portava all'orecchio una conchiglia
per sentire il rumore del mare.

Su un lato della vasca, in bagno,
ci sono due conchiglie scheggiate:
ogni tanto le porta entrambe all'orecchio,
ancora adesso.
La conchiglia col buco sull'umbone
va sull'orecchio destro,
quella scheggiata sul bordo
va sul sinistro.

Il mare, però, non riesce più a sentirlo.
Forse è scappato via insieme al suo orgoglio.

Le restano due involucri vuoti di carbonato di calcio.
Le restano un paio di orecchie assordate
da grida e schiaffi.
Le restano le sue mani
che tremano strette attorno al capo.
Le resta una vita da vivere in silenzio
lontana dal mare.

No No No
(dedicata a Charles Bukowski)

Dio ha fatto qualche errore,
ma quando creò lei distesa sul letto,
imbottita di sberle, sfatta di pugni, sfiancata dai calci

ha fatto l'errore più grosso di tutto il Suo Sacro
Universo.

Certe volte dorme sola
e per lei è una vera festa.
Si rigira nel letto,
abbraccia il cuscino
e ogni tanto si dà anche un'annusata.
Sente il proprio odore e quello soltanto,
si riconosce, si sorride, si accarezza.
Non dorme mai, quando dorme da sola,
perché non vuole sprecare neanche un'ora
di quel tempo libero che la fa tornare bambina.
Non dorme mai, quando dorme da sola,
ma sogna.
Sogna
fino allo sfinimento.
Si riempie la mente di pensieri belli,
come i criceti si gonfiano le guance di cibo
prima del letargo.
Fra qualche ora non sarà più sola
e arriverà l'inverno,
ma per ora è libera di restare sveglia
e sognare fino all'alba.

Il cielo si aggrappava ai suoi occhi azzurri
quando lei sorrideva.
Il mondo si strappava la lingua dalla bocca
quando lei parlava.
La pioggia smetteva di scendere
quando lei piangeva.
Soltanto lui,
Lui,
continuava a far volare le mani
mentre lei precipitava.

Qui i fiori appassiscono.
Bevono troppo
e respirano aria avvelenata.
Qui i fiori perdono perennemente petali.
Li accarezzano dita di gelo,
li sfiorano sguardi di fuoco.
Qui i fiori scoloriscono.
Hanno scambiato la notte col giorno
e sognano senza sosta incubi d'inverno.
Qui solo un fiore ha un nome:
lo urla forte a bocca chiusa
per non dimenticarsene
e continua a cercare il sole
mentre le vengono strappati i petali.

Lui le strappa i capelli.
Lei pensa alla mamma.
La mamma che aveva tanti capelli,
così tanti che ti ci potevi nascondere.

Lui le strappa i pensieri.
Lei ricorda i capelli della mamma
e ci nasconde i sogni.

Lui le strappa i sogni.
Lei abbraccia di nuovo la mamma
e scompare fra i suoi capelli
un'ultima volta.

La vita è uno strappo
nella stoffa dei pantaloni
in una serata piovosa d'inverno.
Lui l'accarezza proprio lì
sulla pelle scoperta
con dita di ghiaccio.
Lei chiude gli occhi e guarda
altro e oltre,
pensa al suo bimbo che dorme.
Sorride
perché sa che l'alba arriverà con ago e filo
a ricucirle addosso una toppa multicolore
decorata di gorgoglii e gridolini.

Il mostro la aspetta,
oltre la porta,
steso sul letto della stanza d'albergo.
C'è odore di piscio e asciugamani umidi in bagno,
eppure, qua dentro si sta bene, si sta meglio.
Lo specchio è coperto di polvere e appannato
e lei lo ringrazia per questo:
così non vede bene il proprio volto riflesso.
Il mostro è impaziente, è stufo e la chiama,
è un lupo affamato che esige la cena.
L'agnello chiuso in bagno
prende un respiro profondo,
apre la porta, serra il pugno e chiude lo sguardo.

La luna è un frammento d'osso
conficcato nella carne del giorno.
L'orologio le domanda «Dove ti fa male?»
e intanto segna le ore.
Lei ci pensa un po' su, poi sorride tristemente:

*L'unico punto in cui non sento dolore
è quello che mi ferisce maggiormente.*

Lui si alza col piede sbagliato ogni mattina.
Lei con le mani in alto, in segno di resa.
Fanno colazione insieme, senza parlare,
lasciano scorrere le ore.
Giunge la sera
che versa gocce di rabbia dentro la gola
e sfregia la Notte, i suoi sogni e le sue chimere
coi cocci rotti dell'ultimo bicchiere.

I sogni uccisi non sono soggetti al *rigor mortis*:
sono morti ma morbidi,
come falene uccise dalla luce.
I suoi sogni di bambina
sono tutti qui
ai piedi della stessa lampada
che illuminava le sue preghiere.
Se li stringi forte al petto sembrano peluche.
Se li stringi delicatamente li senti piangere.

Immerge le mani nelle fiamme
ma non bruciano.
Brucia altro, brucia altrove.
Brucia il ricordo di lei bambina
immersa in un campo di papaveri.
Le sembravano tante fiammelle,
quei piccoli fiori.
Erano talmente belli
da farle lacrimare gli occhi.
Piange anche adesso
mentre le mani si squagliano.
È una bambola di cera
incapace di afferrare la Primavera.

Il tavolo ribaltato.
I petali delle rose nel vaso
scivolano come pesci sul pavimento
in un guizzo di rosso.
Rosse anche le labbra insanguinate
spaccate al centro
come un frutto maturo.
Scivolerà anche lei,
è questione di un attimo.
Guizzerà sul pavimento
senza muovere un muscolo.
E sarà di nuovo inverno.

Ogni secondo un colpo.
Lei, sotto di lui,
fissava la vecchia sveglia
sul comodino e contava.
Tic, tac, bum, bam
ogni colpo un secondo.
Lui sudava, lei tratteneva il respiro.
Bum, bam, tic, tac,
lei pregava che il tempo scorresse veloce
e il Tempo, dopo un po', la accontentò:
Bum bam, bum bam, bum bam,
tic... tac...

Il silenzio, qui, pesa
talmente tanto
che la polvere fa un suono assordante
cadendo.
Le urla fanno sanguinare le orecchie,
ma sono i silenzi
prima e dopo
che feriscono maggiormente.

Ha sognato talmente tante volte di volare via
che le fanno male le scapole.

Il cuore dell'agnello non batte troppo forte
nel momento in cui torna a casa il lupo:
è l'inizio di una tragedia non scritta
in cui l'agnello è morto da tempo e non lo sa.

La Luna in cielo è dura come la pietra,
lei la fissa, tonda e bianca, come un piatto vuoto.
Il piatto in terra è rotto
diviso in tre pezzi diseguali:
uno somiglia a una bocca.
La bocca sul letto è aperta, ma non parla,
fissa, nera e rossa, il soffitto,
come fanno gli occhi.
Gli occhi sul volto piangono un'ultima volta,
lacrime involontarie come spasmi muscolari,
gocce sfuggite allo specchio dell'anima.
L'anima dall'altra parte dello specchio
volutamente sorride,
senza che nessuno glielo imponga,
finalmente, per la prima volta.

Primavera

Il giardino è graffiato a sangue dai papaveri,
cresce fra calici caduchi e sprazzi di verde umido.
I papaveri hanno petali troppo grandi e troppo rossi,
sembrano fiori ubriachi che non si reggono in piedi.
La sua giovinezza è una primavera priva di pioggia,
uccisa da un sole dai raggi troppo caldi.

Le quattro scimmie

Una non vede,
una non sente,
una non parla,
una vive
vedendo, sentendo, parlando
solo a sproposito.
La quarta scimmia
se ne sta spesso alla finestra
o con l'orecchio attaccato al muro
e la bocca incollata a un apparecchio,
ma non vede,
non sente,
non parla
quando ce n'è davvero bisogno.
In questo folle zoo
la quarta scimmia è la peggiore,
quella che senza muovere un pollice opponibile
è in grado di schiaffeggiarti fino a lasciarti esanime.

Faranno parte del passato anche loro, un giorno.
Diventerà passato la mano di lui, grossa e tozza,
diventerà passato la faccia di lei, piccola e leggera.
Saranno parte delle cose andate
gli schiaffi, le urla, le lacrime,
saranno parte del passato le bugie, i sorrisi, le carezze.
Scompariranno nella cenere le cinque dita stampate
su un unico volto scolpito dal silenzio.
Svaniranno nel nulla i *No* e *Sì*
mescolati in un unico pianto.
L'unica, grande speranza
è che, annullandosi in un unico tempo,
non divengano una cosa sola,
tutto insieme, nello stesso momento.

Il loro abbraccio
è stato un incontro di ferite:
invece di curarsi,
le carni si sono infettate a vicenda.
Adesso la pelle brucia più di prima,
ogni bacio magico sa di sale e alcol
e ogni carezza è una coccola d'ortica.

Caccia al contrario

Il cerbiatto ora ha la zampa destra ben fissa a terra
e la sinistra piantata sul petto del cacciatore
steso al suolo.
Il mondo scatta la foto
di questa improbabile scena venatoria.
La vita ride, inorridisce, piange
e sorride allo stesso tempo.

Le caviglie sono strette in mille schegge
eppure, lei corre.
Corre, inciampa, cade e si riprende.
Si riprende le proprie scarpe,
i propri piedi,
i propri passi
e la vita calpestata sotto di essi.

Accade ora, inaspettatamente,
ed è una gioia incommensurabile.
Ora che il sole scivola piano sul canale
e colora l'acqua di arancione.
Ora che il vento le soffia fra i capelli piano
come faceva sua mamma
quando le dava il buongiorno,
sfiorandole la mano.
Ora che piccole gocce di pioggia
formano una minuscola pozzanghera.
Ora, inaspettatamente, accade:
capisce che è finalmente libera
e d'istinto, come una pazza, ride.
Spalanca la bocca più che può,
spudoratamente,
come se volesse ingoiare tutta l'aria del mondo.
Spalanca la bocca senza urlare né dire niente
e volteggia in un buffo girotondo.
Inaspettatamente accade, ora:
si innamora di nuovo di sé stessa,
inciampa sui propri passi e cade a terra
sentendosi anche un po' fessa.
Accade ora, inaspettatamente:
è la prima volta che cade, si rialza e sorride,
come se non fosse successo niente.

È bella, mentre fugge.
Bella con gli occhi rossi,
bella con la pelle bianca,
bella con i capelli in disordine e i pensieri pettinati.
È bella mentre calpesta la neve
e sorride sentendola scricchiolare.
È bella mentre centra volutamente
le pozzanghere di ghiaccio semi-sciolto
senza preoccuparsi di sporcarsi o scivolare.
È bella
mentre la gente la guarda senza sorridere.
È bella mentre sembra
una bambina pazza e una vecchia impazzita.
È bella mentre si rialza ancora una volta da sola
e per l'ultima volta chiede aiuto a sé stessa.
È bella mentre le manca la parola
quando ringrazia le proprie mani di avercela fatta.

Ringraziamenti

Grazie per aver scelto di leggere queste poesie. Ogni verso è ispirato da vissuti personali e dalle esperienze di persone a me care; sono consapevole che alcuni di essi possano risultare particolarmente intensi. Spero che queste parole, più che sconvolgere, abbiano suscitato consapevolezza in chi non ha mai vissuto direttamente esperienze di violenza domestica e abbiano avuto un effetto catartico su chi ha dovuto affrontare – direttamente o indirettamente – questa realtà.

A tutte le persone che si sentono rappresentate in queste pagine, mi auguro che i miei versi possano offrire una piccola luce nel percorso verso la guarigione. Se desiderate condividere la vostra esperienza, lasciare un pensiero, darmi suggerimenti o offrire il vostro supporto, potete contattarmi tramite il mio sito web:

www.dananeri.com

Spazio per i vostri pensieri